10 Avril 1911

VENTE

Du Lundi 10 Avril 1911

HOTEL DROUOT, SALLE N° 7

A DEUX HEURES

Marqué P

FAIENCES ET PORCELAINES

ANCIENNES

Françaises et Étrangères

COMMISSAIRE-PRISEUR

Me ROBERT BIGNON

EXPERT

M. CAILLOT

CATALOGUE

DE

Faïences et Porcelaines

ANCIENNES

Françaises et Étrangères

PRINCIPALEMENT DE MARSEILLE, MOUSTIERS, ROUEN, DELFT, ETC.

DONT LA VENTE AURA LIEU A PARIS

HOTEL DROUOT, SALLE N° 7

LE LUNDI 10 AVRIL 1911

à deux heures

COMMISSAIRE-PRISEUR
Me ROBERT BIGNON
41, rue de la Victoire

EXPERT
M. CAILLOT
52, rue de la Victoire

EXPOSITION PUBLIQUE

Le Dimanche 9 Avril 1911, de 1 heure 1/2 à 5 heures 1/2

CONDITIONS DE LA VENTE

Elle sera faite au comptant.

Les adjudicataires paieront *dix pour cent* en sus des enchères.

L'exposition mettant le public à même de se rendre compte de l'état et de la nature des objets, aucune réclamation ne sera admise une fois l'adjudication prononcée.

On suivra **rigoureusement l'ordre numérique** du catalogue.

Paris. — Imp. de l'Art, Ch. Berger, 41, rue de la Victoire.

DÉSIGNATION

ANCIENNES

FAIENCES FRANÇAISES

1 — **Faïences diverses.** Six pièces : buire en forme de casque, bouteille, gargoulette, deux cache-pots et un pied de croix, décors bleu et polychrome.

2 — **Faïences diverses.** Dix pièces : plats et assiettes, décors bleu et polychrome.

3 — **Lille.** Compotier à bord dentelé et côtelé, décor camaïeu bleu. Au fond, grande étoile et sur le bord, un galon.

Diam., 22 cent.

4 — **Lille ou Rouen.** Compotier à bord dentelé, décor camaïeu bleu. Au fond, médaillon renfermant une armoirie double surmontée d'une couronne de comte. Le bord est décoré d'une bande de rinceaux de fleurs et ferronnerie. Au revers, la marque à la fleur de lys.

Diam., 25 cent.

5 — **Lille ou Rouen.** Plat creux de forme oblongue à bord dentelé, décor camaïeu bleu. Grand cul-de-lampe au fond entouré d'une large bande de rinceaux. Au bord, petit lambrequin.

Long., 42 cent. ; larg., 36 cent.

6 — **Lille ou Rouen.** Assiette, décor camaïeu bleu. Au fond, très grande rosace à huit pointes. Au marli, petit lambrequin.

7 — **Marseille.** Plateau rond à bord contourné, décor polychrome en plein, composé de cinq personnages chinois, oiseaux fantastiques, arbustes fleuris et insectes. *Fabrique de Le Roy.*

Diam., 28 cent.

8 — **Marseille.** Jardinière-applique sur trois petits pieds, avec son couvercle percé de trous, décor polychrome de bouquets de fleurs, coquilles et hachures jaunes. *Fabrique de Fauchier.*

Larg., 24 cent.; haut., 22 cent.

9 — **Marseille.** Assiette à bord contourné. Au fond, médaillon renfermant une femme assise en grisaille sur fond marron. Au bord, petit ornement en or. *Fabrique de la veuve Perrin.* Marquée V. P.

10 — **Marseille.** Assiette à bord contourné, décor polychrome dit aux poissons, avec branchages de feuillages et fruits.

11 — **Moustiers.** Six assiettes, décor camaïeu bleu de lambrequins sur le marli.

12 — **Moustiers.** Plat oblong a bord découpé, décor camaïeu bleu, d'après Bérain.

13 — **Moustiers.** Petit cache-pot rond avec mascarons, décor camaïeu bleu, dans le goût de Bérain.

Haut., 10 cent.; diam., 105 millim.

14 — **Moustiers.** Petit plateau de forme oblongue à bord découpé, décor manganèse de fleurs, personnages et animaux dans le goût de Callot.

Long., 26 cent.; haut., 175 millim.

15 — **Moustiers.** Plat oblong à bord découpé, décor polychrome dit *aux drapeaux*.

Long., 40 cent.

16 — **Moustiers.** Assiette à bord contourné, décor polychrome. Au fond, écusson chiffré surmonté d'une couronne de comte. Sur le marli, bouquets de fleurs de pommes de terre.

17 — **Moustiers.** Assiette à bord contourné, décor polychrome. Au fond, deux pêcheurs dans un paysage avec habitation et arbustes. Au marli, oiseaux et mouche. *Fabrique de Ferrat.*

18 — **Moustiers.** Sucrier à sucre en poudre de forme ovale à quatre lobes avec mascarons, décor polychrome de guirlandes et pendentifs. *Marqué du monogramme d'Oléry.*

Long., 19 cent.

19 — **Moustiers.** Deux cache-pots cylindriques à deux anses verticales, formant paire, décor camaïeu bleu composé de mascarons, sphinx, dauphins, oiseaux, draperies, rinceaux et ornements divers dans le goût de Boulle.

Diam., 23 cent ; haut., 215 millim.

20 — **Moustiers.** Assiette, décor camaïeu bleu. Au fond, très grand médaillon renfermant un sujet de chasse, d'après Tempesta. Au marli, petit lambrequin.

21 — **Moustiers.** Assiette à bord contourné, décor camaïeu bleu d'après Tempesta : *Chasse à l'Autruche*. Au marli, petit lambrequin.

22 — **Raeren**. Six cruches de diverses dimensions en ancien grès de Raeren.

23 — **Rouen**. Huilier et ses burettes, décor bleu et rouge de galons formant rinceaux et fleurettes.

24 — **Rouen**. Assiette à bord contourné, décor polychrome. Au fond, grands branchages de feuillages, œillets et grenades. Petit lambrequin au marli.

25 — **Rouen**. Six jardinières-appliques de dimensions différentes et de différents décors bleu et polychrome.

26 — **Rouen**. Trois pièces: plat à barbe, cuvette à huit pans et plat rond, décors polychromes variés.

Long. du plat à barbe, 33 cent.
Long. de la cuvette, 32 cent.
Diam. du plat, 35 cent.

27 — **Rouen**. Porte-huilier, décor polychrome de quadrillés, fleurs et ornements divers.

Long., 26 cent.

28 — **Rouen**. Quatre petits vases cylindriques décor camaïeu bleu. Grands lambrequins et inscriptions pharmaceutiques.

Haut., 14 cent.; diam., 95 millim.

29 — **Rouen.** Porte-huilier de forme oblongue avec mascarons, décor polychrome à la corne tronquée.

Long., 25 cent.

30 — **Rouen.** Assiette, décor camaïeu bleu. Petit chinois au centre et lambrequin sur le marli.

31 — **Rouen.** Sucrière cylindro-conique avec dôme ajouré se vissant, décorée en bleu et rouge d'un grand lambrequin et ornements divers.

Haut., 21 cent.

32 — **Rouen.** Ecuelle ronde couverte à anses formées par des branchages et son dessous, décor polychrome de bouquets de roses et tulipes.

Diam. du plateau, 25 cent.

33 — **Rouen.** Bannette à huit pans, décor polychrome. Au fond, un cul-de-lampe entouré d'une bande composée de quadrillés, fleurs et ornements divers sur fond bleu.

Long., 33 cent.; haut., 225 millim.

34 — **Rouen.** Plat rond à bord contourné, décor à la pagode; bordure quadrillée avec six réserves contenant des crevettes.

Diam., 36 cent.

35 — **Rouen**. Compotier à bord dentelé, décor polychrome, dit au canard.

Diam., 22 cent.

36 — **Rouen**. Compotier de forme octogonale, décor polychrome. Au fond, deux Chinois dans un paysage avec arbustes. Au bord, large bande quadrillée avec quatre réserves contenant des fleurs et feuillages.

Diam., 24 cent.

37 — **Rouen**. Assiette, décor polychrome. Au fond, panier de fleurs et fruits entouré d'un lambrequin composé de quatre guirlandes de fleurs reliées par quatre cartouches quadrillés et ornements divers.

38 — **Rouen**. Assiette, décor polychrome. Au fond, trois Chinois danseurs et musicien dans un paysage avec arbustes. Au marli, petit lambrequin.

39 — **Rouen**. Assiette à bord contourné, décor polychrome. Le fond est entièrement couvert d'un paysage avec balustrades et arbustes au milieu duquel sont deux Chinois dont l'un fume une pipe. Au bord, petit galon jaune.

40 — **Rouen**. Assiette creuse à bord contourné, décor polychrome, dit au léopard.

41 — **Rouen**. Buire en forme de casque, décor camaïeu bleu de lambrequins, fleurons et ornements divers. Au-dessous du déversoir, un masque d'homme barbu.

Haut., 31 cent.

42 — **Rouen**. Plat creux de forme oblongue à bord dentelé ; décor camaïeu bleu composé au fond d'un grand cul-de lampe formé d'un vase et de rinceaux, entouré d'un très large lambrequin de fleurons et pendentifs.

Haut., 42 cent.; larg., 35 cent.

43 — **Rouen**. Grand plat oblong à bord contourné, décor polychrome dit *au léopard*.

Long., 49 cent.; larg., 37 cent.

44 — **Rouen**. Grand plat rond creux, décor polychrome. Au fond, grands branchages de fleurs, fruits, oiseau chimérique et papillons. Au pourtour, très large bande quadrillée avec quatre réserves contenant des crevettes. *Fabrique de Guillibeau.*

Diam., 44 cent.

45 — **Rouen**. Deux assiettes à bord contourné, décor polychrome. Dans l'une, au fond, cor-

beille fleurie et au marli, un lambrequin. Dans la seconde, amour dans un médaillon rocaille. Au marli, rinceau de fleurs.

46 — **Rouen.** Assiette, décor polychrome où le vert de cuivre domine, composé, au fond, d'une corbeille fleurie. Au marli et à la chute, quatre guirlandes et quatre cartouches renfermant une urne.

47 — **Rouen.** Assiette à bord contourné, décor en plein d'une Chinoise tenant un parasol au milieu d'un paysage avec pagode, arbustes, oiseau et papillon.

48 — **Rouen.** Deux assiettes, décor camaïeu bleu avec cul-de lampe au fond et large lambrequin au marli et à la chute.

49 — **Rouen.** Assiette à bord contourné, décor polychrome à la corne.

50 — **Rouen.** Deux compotiers octogonaux, décor polychrome à la pagode avec bordures quadrillées et réserves contenant des crevettes.

51 — **Rouen.** Trois grands plats ovales à bord découpé, décor polychrome, un à la double

corne, le deuxième décoré de cinq Chinois dans un paysage et le troisième à la corne tronquée.

Long., 48 cent., 51 cent. et 50 cent.

52 — **Rouen**. Grand plat oblong à bord contourné, décor polychrome au carquois.

Long., 44 cent.

53 — **Rouen**. Grand pichet, décor polychrome composé sur la face d'un très grand cartouche renfermant un saint personnage, de chaque côté, une corne d'abondance. Sous l'anse, l'inscription : *Etienne Le Faucheur, 1788.*

Haut., 32 cent.

54 — **Rouen**. Pichet couvert, décor polychrome. Sur la face, grand cartouche renfermant un saint personnage. Sous l'anse, l'inscription : *Pierre Chrétien, 1788.*

Haut., 32 cent.

55 — **Rouen**. Bannette de forme octogonale dentelée à bord relevé, décor polychrome. Au fond, corbeille remplie de fleurs et fruits entourée d'un large lambrequin composé de quadrillés, fleurons, coquilles et guirlandes.

Diam., 31 cent.

56 — **Rouen**. Grande fontaine-applique forme balustre, son couvercle et un bassin, décor polychrome de deux grandes bandes quadrillées, guirlandes fleuries et ornements divers.

57 — **Rouen**. Plateau-piédouche de forme octogonale, complètement couvert d'un décor camaïeu bleu avec rosace centrale, reliée au bord par huit bandes rayonnantes entre lesquelles existe un fleuron.

Diam., 275 millim.

58 — **Rouen**. Petit compotier à bord dentelé, décor polychrome composé d'un paysage maritime, portique et deux personnages dansant, un chien à la partie supérieure et un cygne dans le bas. *Atelier de Levavasseur*.

59 — **Rouen**. Assiette à bord contourné, décor polychrome composé de trois oiseaux sur un branchage. Au marli, quadrillés noirs sur fond vert. *Atelier de Levavasseur*.

60 — **Rouen**. Assiette, décor camaïeu bleu. Au fond, écusson armorié supporté par deux lions grimpants. Au bord, petit galon.

61 — **Rouen**. Assiette, décor camaïeu bleu en

plein, composé de deux personnages chinois dans un paysage avec habitations, arbustes, animaux et ornements divers. Rare.

62 — **Rouen** ou **Paris.** Assiette, décor bleu et jaune. Au marli et à la chute, large lambrequin. Au fond, petit cul-de-lampe. *Fabrique de Digne, rue de la Roquette.*

63 — **Rouen**. Petit plat à bord découpé, décor polychrome. Au marli, un lambrequin avec guirlandes, fleurons et quadrillés. Au fond, corbeille de fleurs.

Diam., 265 millim.

64 — **Rouen.** Plat de forme octogonale, décor polychrome. Au fond, corbeille fleurie. Au marli et à la chute, lambrequin composé de guirlandes, quadrillés et ornements divers.

Diam., 34 cent.

65 — **Rouen.** Compotier de forme octogonale, décor bleu et jaune. Au fond, un cul-de-lampe entouré d'un lambrequin avec fleurons et pendentifs.

Diam., 22 cent.

66 — **Rouen.** Compotier à bord dentelé, décor polychrome dit à *la haie fleurie.*

Diam., 25 cent.

67 — **Rouen**. Compotier à bord découpé, décor polychrome dit *aux oiseaux flamants*.

Diam., 25 cent.

68 — **Rouen**. Assiette, décor bleu et jaune. Le fond est entièrement couvert d'une rosace. Au marli, lambrequin et petites oves au bord. Rare.

69 — **Rouen**. Assiette, décor bleu et rouge vif. Au marli et à la chute, un lambrequin. Au fond, une rose avec feuillage.

70 — **Rouen**. Assiette, décor camaïeu bleu. Au fond, médaillon renfermant trois enfants dont deux mangent du raisin et le troisième tient une bouteille et une coupe. Au marli, un lambrequin.

71 — **Rouen**. Assiette, décor camaïeu bleu. Au fond, petite rosace. Au marli et à la chute, lambrequin formé de cartouches, guirlandes, fleurons et ornements de ferronnerie. Au bord, petites oves.

72 — **Rouen**. Assiette, décor polychrome. Au fond, corbeille de fleurs. Le marli est couvert d'un lambrequin, composé de huit cartouches quadrillés entre lesquels se trouvent des coquilles et fleurons.

73 — **Rouen**. Assiette, décor polychrome en plein, composé de trois personnages chinois dans un paysage avec balustrades, arbustes, oiseaux et ornements divers.

74 — **Rouen**. Assiette, décor polychrome en plein, composé de trois motifs formés par des rochers d'où s'échappent des branchages de fleurs et feuillages; au centre et entre ces ornements, des oiseaux et papillons. *Spécimen excessivement rare.*

Diam., 245 millim.

75 — **Rouen**. Très grand plat rond, décor camaïeu bleu entièrement couvert. Au fond, une grande rosace reliée par un très grand lambrequin, composé de pendentifs, fleurons et ornements divers. Au bord, petites oves. *Belle pièce d'une très bonne forme.*

Diam., 56 cent.

76 — **Sceaux**. Petit plateau ovale à quatre lobes, décor polychrome de bouquets de fleurs. Au bord, petit ornement en or. *Marqué de la fleur de lys.*

Long., 235 millim.

77 — **Sceaux**. Deux assiettes à bord contourné, décor polychrome de bouquets de fleurs. Au bord, hachures roses et filets bleus.

78 — **Sceaux**. Petite jardinière carrée sur quatre petits pieds, décor polychrome de bouquets de fleurs et hachures bleues et roses.

Haut., 12 cent.; larg., 12 cent.

79 — **Sceaux**. Deux assiettes à bord déchiqueté bleu et rose, décor polychrome d'oiseaux dans un paysage. Au marli, insectes et oiseau. *Une est marquée O. P.*

80 — **Sinceny**. Assiette à bord contourné, décor polychrome en plein de deux personnages chinois dans un paysage avec pont, balustrade, arbustes, fleurs, oiseaux, insectes et ornements divers.

81 — **Sinceny**. Cuvette à huit pans, décor polychrone en plein, composé de deux personnages chinois dans un paysage avec pont, balustrades, arbustes fleuris et ornements divers.

Long., 33 cent.; larg., 27 cent.

82 — **Sinceny**. Petit plat ovale à bord contourné, décor polychrome en plein de deux Chinois dansant dans un pays montagneux, avec pagodes et arbustes de fleurs et feuillages.

Long., 34 cent.

83 — **Strasbourg.** Petite corbeille ovale ajourée avec anses cordées, décor polychrome rayé vert et rose. A l'intérieur, bouquet de fleurs.

Long., 20 cent.; haut., 7 cent.

84 — **Strasbourg.** Grand plat ovale à bord contourné, décor polychrome de bouquets, de fleurs, de Joseph Hanong. Marqué : *H 145.*

Long., 50 cent.

ANCIENNES

FAIENCES ÉTRANGÈRES

85 — **Delft.** Plaque carrée à angles rentrants, décor camaïeu bleu, composé de deux personnages chinois, table, barrière, arbustes et oiseaux. Au bord, bande avec quadrillés et réserves.

25 cent. sur 25 cent.

86 — **Delft.** Deux assiettes, décor bleu et rouge. Au fond, cartouche contenant une fleur. Un lambrequin sur le marli.

87 — **Delft.** Assiette, décor polychrome en plein d'oiseaux, balustrade et arbustes fleuris.

88 — **Delft.** Assiette, décor en camaïeu bleu. Au fond, grand médaillon renfermant une femme assise tenant une couronne dans un paysage avec église et arbres. Au marli, un lambrequin. *Rare.*

89 — **Delft.** Assiette à bord découpé, décor polychrome. Au fond, médaillon à quatre lobes encadré d'un ornement rocaille avec corbeille à la partie supérieure ; ce médaillon renferme, en camaïeu bleu, une femme dans son intérieur. Un lambrequin sur le marli.

90 — **Delft.** Assiette, décor polychrome chinois. Paysage central avec personnages et pagodes entouré de huit petits paysages dans des réserves formant marli.

(*Vente Charles Cousin, avril 1891.*)

91 — **Delft.** Assiette, décor bleu, rouge et or japonais de la fabrique d'*Adrien Pynacker*. Au fond, grand médaillon renfermant une pagode, balustrade, branchage et oiseau. Lambrequin au marli. Marquée : *A. P. K.*

92 — **Hispano-mauresque.** Trois petits plats, décor bleu et jaune à reflets métalliques.

93 — **Kutahia.** Deux chopes avec couvercles, décor polychrome.

94 — **Milan.** Deux assiettes à bord contourné, décor polychrome de bouquets de fleurs.

95 — **Milan.** Assiette, décor polychrome à l'imitation des porcelaines chinoises.

96 — **Milan.** Deux petites assiettes à bord découpé, décor sanguine. Dans un grand cartouche couvrant tout le fond, sujet de chasse. Le marli et le revers en bleu empois. Signées au revers en rouge : *Milano.*

Diam., 20 cent.

97 — **Venise.** Assiette, décor polychrome en plein : personnage assis dans un paysage avec habitations. A la partie supérieure, un blason.

ANCIENNES PORCELAINES

98 — **Fürstenberg**. Cafetière en ancienne porcelaine de Fürstenberg, décor polychrome d'oiseaux et fleurs.

99 — **Japon**. Grand plat rond à bord dentelé, décor camaïeu bleu.

Diam., 47 cent.

100 — **Japon**. Plat rond, décor bleu, rouge et or.

Diam., 37 cent.

101 — **Japon**. Deux grosses potiches avec couvercles, porcelaine du Japon, décor camaïeu bleu.

Haut., 57 cent.

102 — **Niederwiller**. Grand groupe de quatre amours sur socle rond en biscuit de Niederwiller. Signé en creux : *Niederwiller*.

Haut., 34 cent.

103 — **Paris**. Dix pièces : cinq tasses et soucoupes, une grande tasse trembleuse et sa soucoupe, un sucrier sans couvercle, une cafetière, un pot à lait et un bol en ancienne porcelaine, décor polychrome et or de guirlandes fleuries, oiseaux et ornements divers.

104 — **Paris**. Deux corbeilles rondes ajourées sur trois petits pieds, décor polychrome de bouquets de fleurs et filets or.

105 — **Saxe**. Petite cruche en ancienne porcelaine de Saxe, décor polychrome de six personnages chinois, pagodes, arbustes et bouquets de fleurs. Couvercle et cercle en étain.

Haut., 20 cent.

106 — **Venise**. Assiette à bord contourné en porcelaine, décor polychrome et or. Au fond, un paysage. Sur le marli, guirlandes de fleurs. *Marquée de l'ancre.*

107 — Sous ce numéro, objets omis au Catalogue.

www.ingramcontent.com/pod-product-compliance
Ingram Content Group UK Ltd.
Pitfield, Milton Keynes, MK11 3LW, UK
UKHW020538180726
13839UKWH00006B/2591